AF221956

Impressum
Verlag: BABADADA GmbH, Nedderfeld 112 , 22529 Hamburg
Geschäftsführer / Verlagsleitung: Harald Hof
Druck: Books on Demand GmbH, In de Tarpen 42, 22848 Norderstedt

Imprint
Publisher: BABADADA GmbH, Nedderfeld 112 , 22529 Hamburg, Germany
Managing Director / Publishing direction: Harald Hof
Print: Books on Demand GmbH, In de Tarpen 42, 22848 Norderstedt

skola
koulu

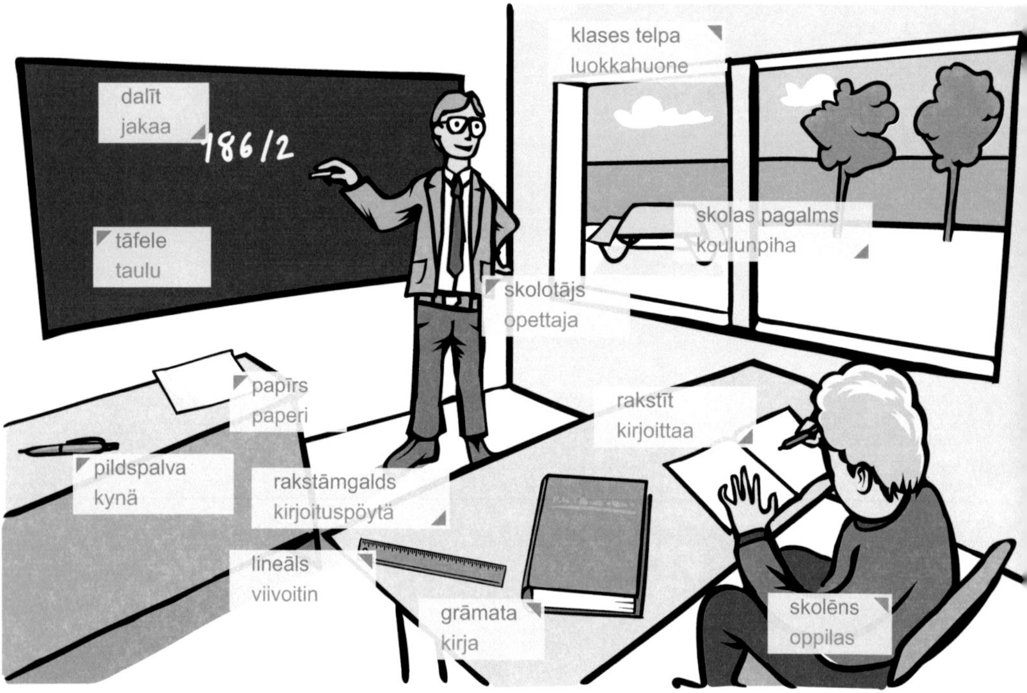
klases telpa
luokkahuone
dalīt
jakaa
186/2
tāfele
taulu
skolas pagalms
koulunpiha
skolotājs
opettaja
papīrs
paperi
rakstīt
kirjoittaa
pildspalva
kynä
rakstāmgalds
kirjoituspöytä
lineāls
viivoitin
grāmata
kirja
skolēns
oppilas

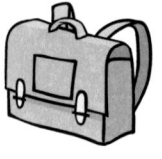

skolas soma

reppu

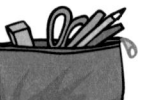

penālis

penaali

zīmulis

lyijykynä

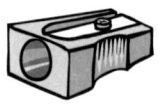

zīmuļu asināmais

kynänteroitin

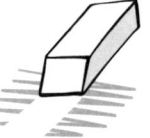

dzēšgumija

pyyhekumi

zīmēšanas bloks

piirustuslehtiö

zīmējums

piirustus

ota

pensseli

krāsas

vesivärit

šķēres

sakset

līme

liima

darba burtnīca

harjoituskirja

mājas darbs

kotitehtävä

12

skaitlis

luku

2+2

saskaitīt

lisätä

5-2

atņemt

vähentää

2×2

reizināt

kertoa

rēķināt

laskea

A

burts

kirjain

ABCDEFG
HIJKLMN
OPQRSTU
VWXYZ

alfabēts

aakkoset

hello

vārds

sana

teksts

teksti

lasīt

lukea

krīts

liitu

mācību stunda

oppitunti

žurnāls

opettajan muistikirja

eksāmens

koe

liecība

todistus

skolas forma

koulupuku

izglītība

koulutus

enciklopēdija

sanakirja

universitāte

yliopisto

mikroskops

mikroskooppi

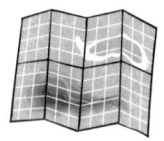

karte

kartta

papīrgrozs

roskakori

ceļojums
matka

viesnīca
hotelli
Grand
hostelis
retkeilymaja
ROOMS
valūtas maiņas punkts
rahanvaihto
EXCHANGE
čemodāns
matkalaukku
automašīna
auto

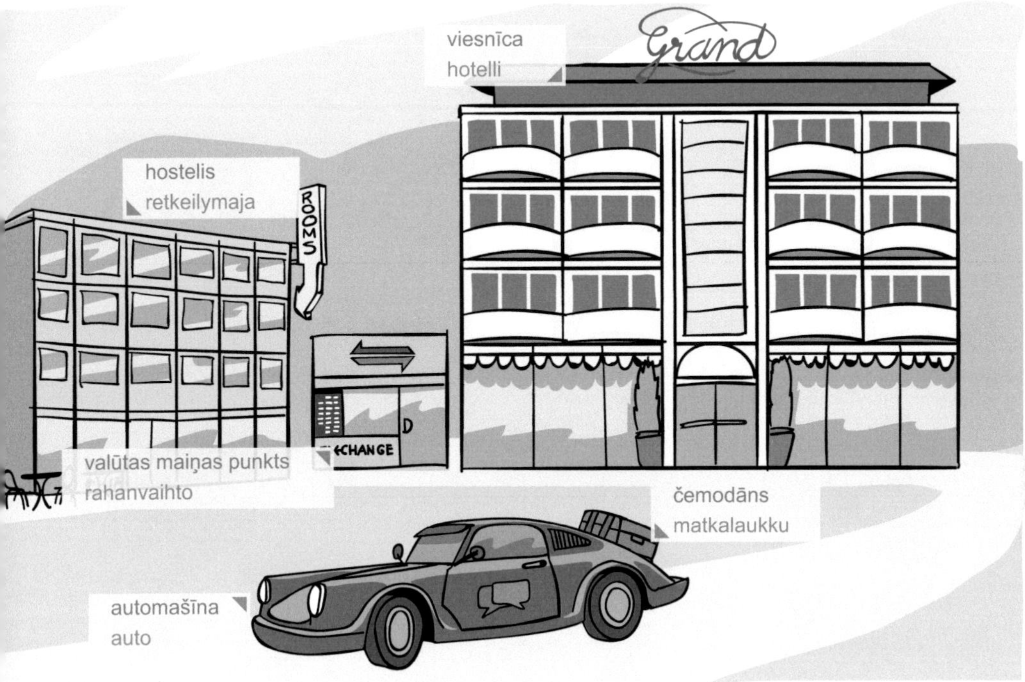

Valoda
kieli

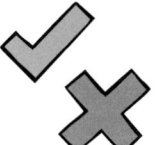

jā / nē
kyllä / ei

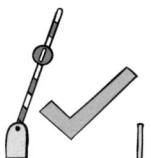

Okay
selvä

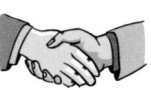

Sveiki!
hei

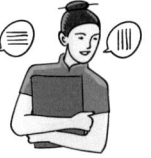

tulks
tulkki

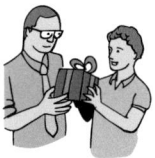

paldies
kiitos

Cik maksā…?

Paljonko…maksaa?

Es nesaprotu

en ymmärrä

problēma

ongelma

Labvakar!

Hyvää iltaa!

Labrīt!

Hyvää huomenta!

Ar labu nakti!

Hyvää yötä!

Uz redzēšanos

näkemiin

virziens

suunta

bagāža

matkatavarat

soma

laukku

mugursoma

reppu

viesis

vieras

istaba

huone

guļammaiss

makuupussi

telts

teltta

tūrisma informācija

turisti-info

pludmale

ranta

kredītkarte

luottokortti

brokastis

aamupala

pusdienas

lounas

vakariņas

päivällinen

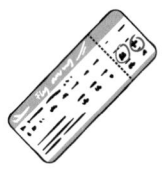

biļete

matkalippu

lifts

hissi

pastmarka

postimerkki

robeža

raja

muita

tulli

vēstniecība

suurlähetystö

vīza

viisumi

pase

passi

transports
kuljetus

lidmašīna
lentokone

kuģis
laiva

ugunsdzēsēju mašīna
paloauto

kravas automašīna
kuorma-auto

autobuss
linja-auto

motorlaiva
moottorivene

automašīna
auto

velosipēds
polkupyörä

prāmis
lautta

laiva
vene

motocikls
moottoripyörä

policijas automašīna
poliisiauto

sacīkšu automobilis
kilpa-auto

nomas auto
vuokra-auto

auto koplietošana

car sharing

evakuators

hinausauto

atkritumu mašīna

roska-auto

dzinējs

moottori

benzīns

polttoaine

degvielas uzpildes stacija

huoltoasema

ceļa zīme

liikennemerkki

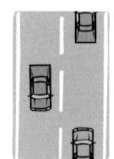

satiksme

liikenne

sastrēgums

ruuhka

stāvvieta

parkkipaikka

dzelzceļa stacija

rautatieasema

sliedes

raiteet

vilciens

juna

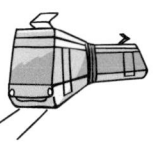

tramvajs

raitiovaunu

vagons

vaunu

helikopters

helikopteri

lidosta

lentokenttä

tornis

lähilennonjohto

pasažieris

matkustaja

konteiners

kontti

kaste

pahvilaatikko

ratiņi

kärryt

grozs

kori

pacelties / nosēsties

nousta / laskea

pilsēta
kaupunki

ciems

kylä

pilsētas centrs

keskusta

māja

talo

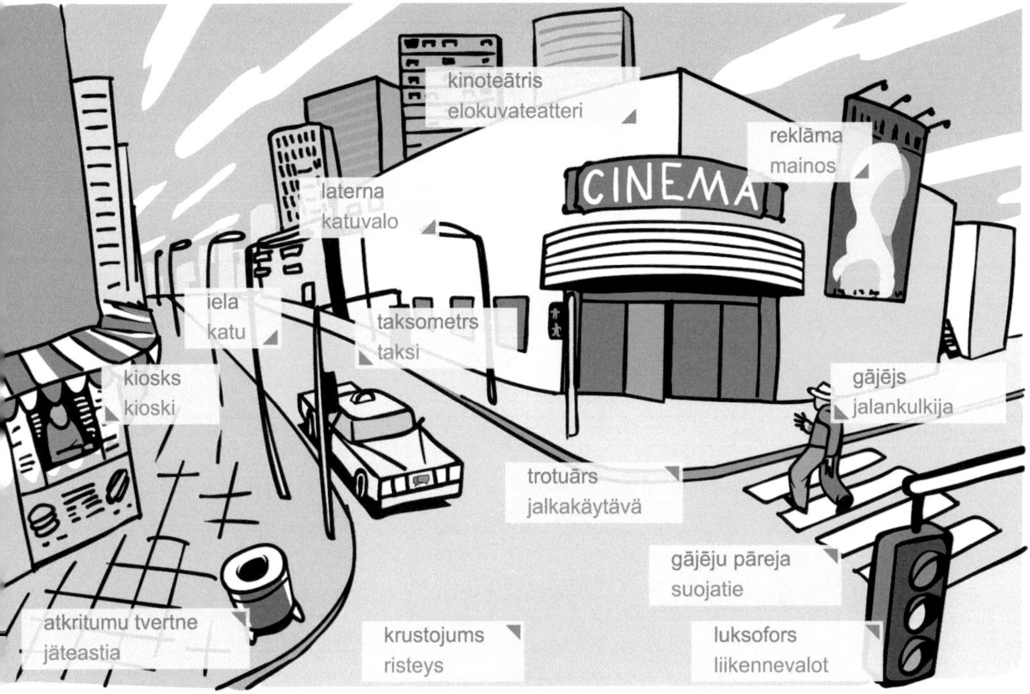

kinoteātris
elokuvateatteri

reklāma
mainos

laterna
katuvalo

CINEMA

iela
katu

taksometrs
taksi

gājējs
jalankulkija

kiosks
kioski

trotuārs
jalkakäytävä

gājēju pāreja
suojatie

atkritumu tvertne
jäteastia

krustojums
risteys

luksofors
liikennevalot

būda

mökki

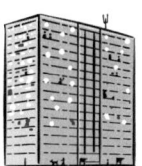

dzīvoklis

kerrostalo

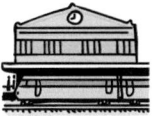

dzelzceļa stacija

rautatieasema

rātsnams

kaupungintalo

muzejs

museo

skola

koulu

universitāte

yliopisto

banka

pankki

slimnīca

sairaala

viesnīca

hotelli

aptieka

apteekki

birojs

toimisto

grāmatnīca

kirjakauppa

veikals

liike

ziedu veikals

kukkakauppa

lielveikals

supermarketti

tirgus

tori

tirdzniecības centrs

tavaratalo

zivju tirgotājs

kalakauppias

tirdzniecības centrs

ostoskeskus

osta

satama

parks

puisto

sols

penkki

tilts

silta

kāpnes

portaat

metro

metro

tunelis

tunneli

autobusa pieturvieta

linja-autopysäkki

bārs

baari

restorāns

ravintola

pastkastīte

postilaatikko

ielas nosaukuma plāksne

katukyltti

stāvlaika skaitītājs

parkkimittari

zooloģiskais dārzs

eläintarha

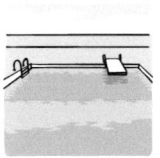

peldbaseins

uimala

mošeja

moskeija

zemnieku saimniecība
maatila

vides piesārņojums
ympäristön saastuminen

kapsēta
hautausmaa

baznīca
kirkko

spēļu laukums
leikkikenttä

templis
temppeli

ainava
maisema

lapa
lehti

ceļrādis
tienviitta

ceļš
tie

pļava
niitty

akmens
kivi

koks
puu

ceļotājs
retkeilijä

upe
joki

zāle
ruoho

puķe
kukka

ieleja

laakso

kalns

vuori

ezers

järvi

mežs

metsä

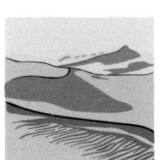

tuksnesis

aavikko

vulkāns

tulivuori

pils

linna

varavīksne

sateenkaari

sēne

sieni

palma

palmu

moskīts

hyttynen

muša

kärpänen

skudra

muurahainen

bite

mehiläinen

zirneklis

hämähäkki

vabole

kovakuoriainen

varde

sammakko

vāvere

orava

ezis

siili

zaķis

jänis

pūce

pöllö

putns

lintu

gulbis

joutsen

meža cūka

villisika

briedis

peura

alnis

hirvi

aizsprosts

pato

vēja ģenerators

tuulimylly

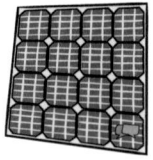

saules baterija

aurinkopaneeli

klimats

ilmasto

restorāns
ravintola

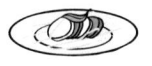

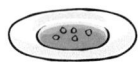

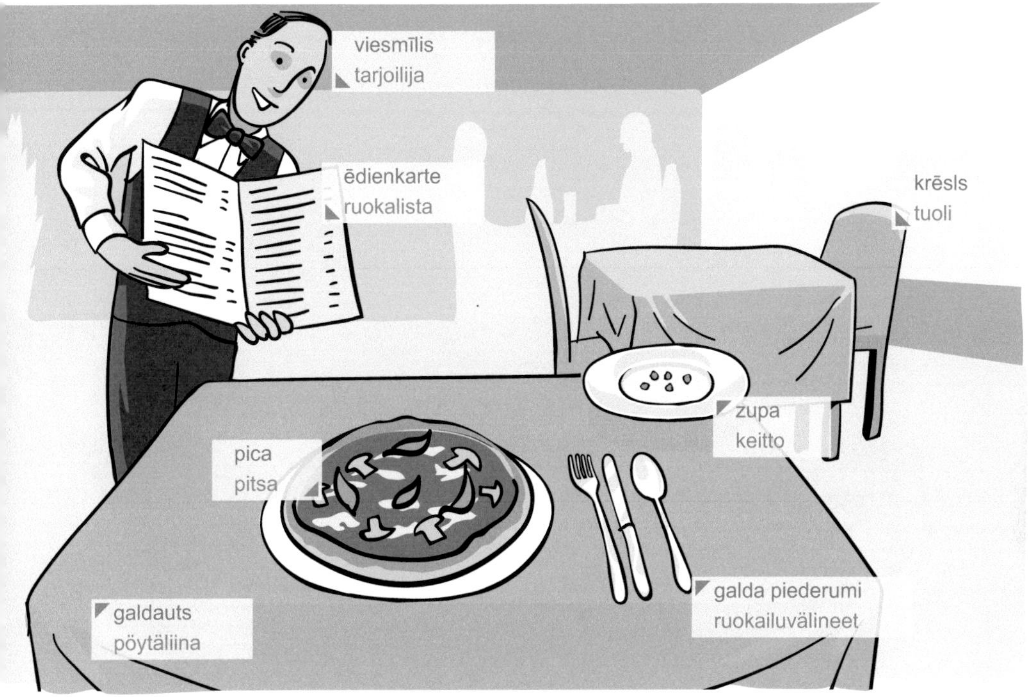

viesmīlis
tarjoilija
ēdienkarte
ruokalista
krēsls
tuoli
zupa
keitto
pica
pitsa
galda piederumi
ruokailuvälineet
galdauts
pöytäliina

uzkoda

alkuruoka

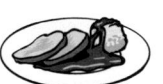

pamatēdiens

pääruoka

deserts

jälkiruoka

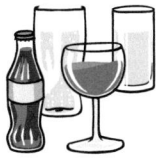

dzērieni

juomat

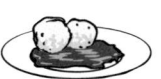

ēdiens

ruoka

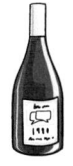

pudele

pullo

ātrās uzkodas

pikaruoka

ielu uzkodas

katuruoka

tējkanna

teekannu

cukurtrauks

sokeriastia

porcija

annos

espresso kafijas automāts

espressokeitin

bāra krēsls

syöttötuoli

rēķins

lasku

paplāte

tarjotin

nazis

veitsi

dakša

haarukka

karote

lusikka

tējkarote

teelusikka

salvete

servietti

glāze

lasi

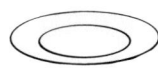

šķīvis

lautanen

zupas šķīvis

syvä lautanen

apakštase

aluslautanen

mērce

kastike

sāls trauciņš

suolasirotin

piparu dzirnaviņas

pippurimylly

etiķis

etikka

eļļa

öljy

garšvielas

mausteet

kečups

ketsuppi

sinepes

sinappi

majonēze

majoneesi

lielveikals
supermarketti

piedāvājums
tarjous
FOR
klients
asiakas
piena produkti
maitotuotteet
augļi
hedelmät
iepirkumu ratiņi
ostoskärryt

BUTCHERS

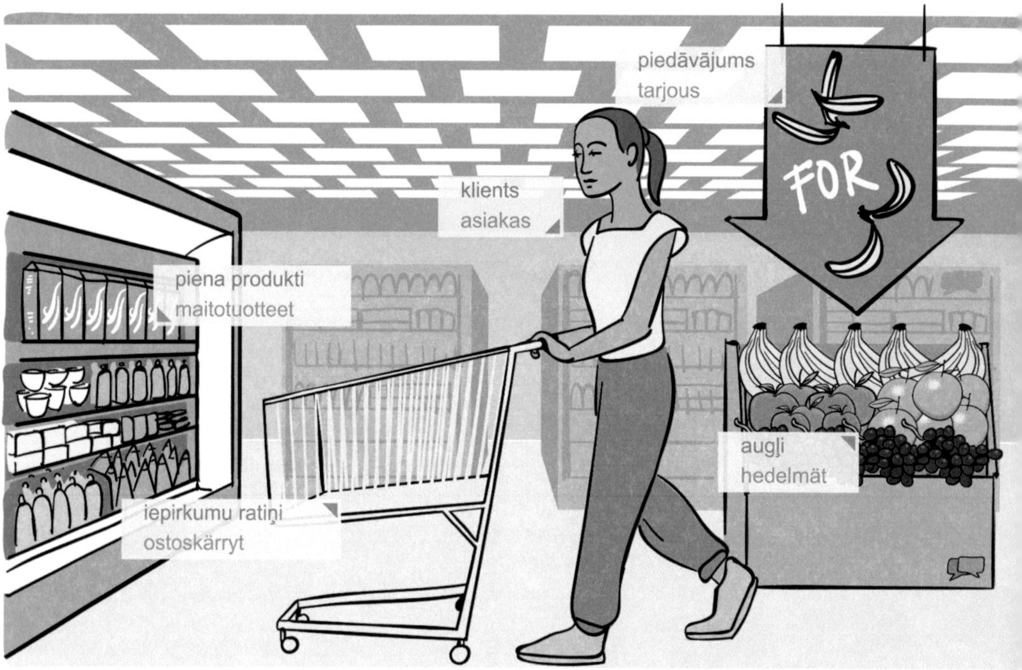

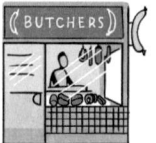

kautuve

teurastamo

BAKERY

maizes veikals

leipomo

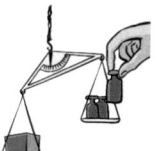

svērt

punnita

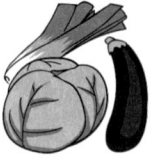

dārzeņi

kasvikset

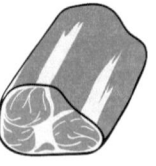

gaļa

liha

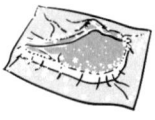

saldēti produkti

pakasteet

aukstās gaļas uzkodas

leikkele

konservi

säilykkeet

pulveris

pesujauhe

saldumi

makeiset

mājsaimniecības preces

kotitaloustarvikkeet

tīrīšanas līdzeklis

puhdistusaineet

pārdevēja

myyjä

kase

kassa

kasieris

kassanhoitaja

iepirkumu saraksts

ostoslista

darba laiks

aukioloajat

maks

lompakko

kredītkarte

luottokortti

soma

kassi

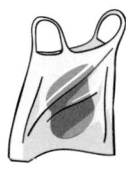

maisiņš

muovipussi

ūdens

vesi

sula

mehu

piens

maito

kola

kokis

vīns

viini

alus

olut

alkohols

alkoholi

kakao

kaakao

tēja

tee

kafija

kahvi

espresso

espresso

kapučīno

cappuccino

banāns

banaani

ābols

omena

apelsīns

appelsiini

melone

meloni

citrons

sitruuna

burkāns

porkkana

ķiploks

valkosipuli

bambuss

bambu

sīpols

sipuli

sēne

sieni

rieksti

pähkinät

makaroni

spagetti

spageti

spagetti

rīsi

riisi

salāti

salaatti

frī kartupeļi

ranskalaiset

cepti kartupeļi

paistetut perunat

pica

pitsa

hamburgers

hampurilainen

sviestmaize

voileipä

šnicele

leike

šķiņķis

kinkku

salami

salami

desa

makkara

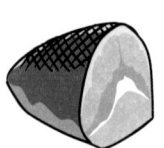

vista

kana

cepetis

paisti

zivs

kala

auzu pārslas

kaurahiutaleet

muslis

mysli

brokastu pārslas

murot

milti

jauho

radziņš

voisarvi

brokastu maizītes

sämpylä

maize

leipä

tostermaize

paahtoleipä

cepumi

keksit

sviests

voi

biezpiens

rahka

kūka

kakku

ola

kananmuna

cepta ola

paistettu kananmuna

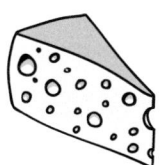

siers

juusto

saldējums

jäätelö

cukurs

sokeri

medus

hunaja

marmelāde

hillo

riekstu krēms

suklaapähkinälevite

karijs

curry

zemnieku saimniecība
maatila

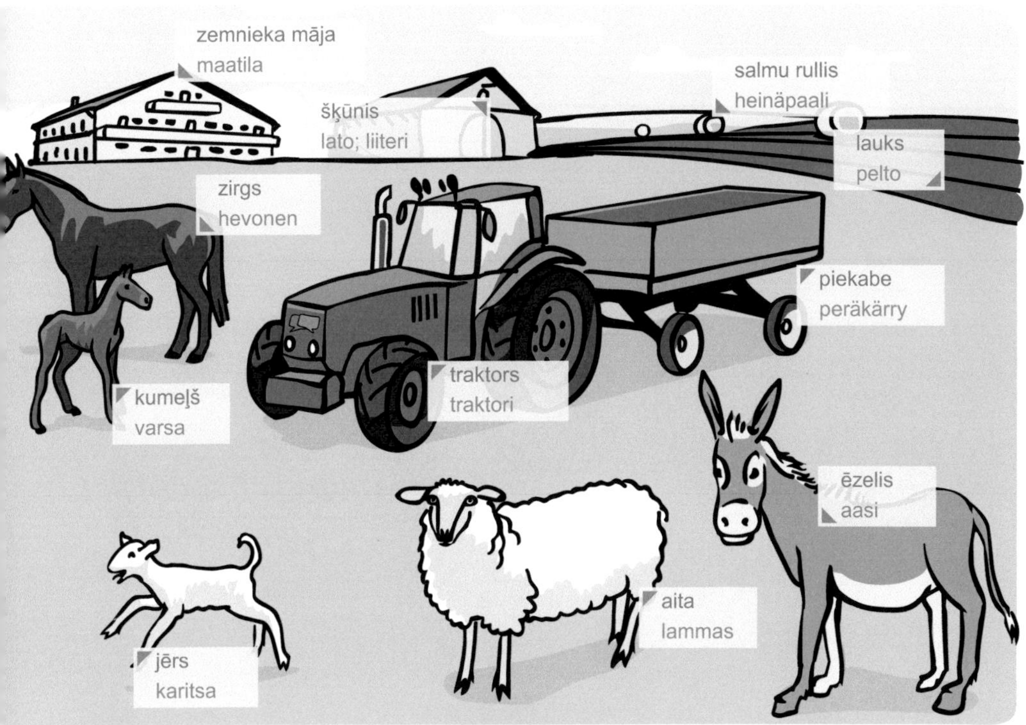
zemnieka māja
maatila
šķūnis
lato; liiteri
salmu rullis
heinäpaali
lauks
pelto
zirgs
hevonen
piekabe
peräkärry
traktors
traktori
kumeļš
varsa
ēzelis
aasi
aita
lammas
jērs
karitsa

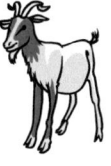

kaza

vuohi

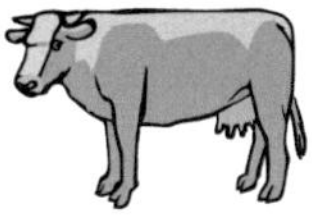

govs

lehmä

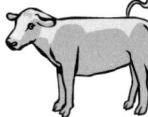

teļš

vasikka

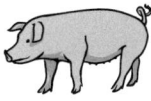

cūka

sika

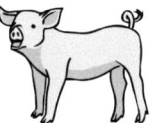

sivēns

porsas

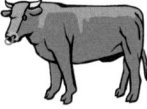

bullis

sonni

zoss

hanhi

pīle

ankka

cālis

tipu

vista

kana

gailis

kukko

žurka

rotta

kaķis

kissa

pele

hiiri

vērsis

härkä

suns

koira

suņa būda

koirankoppi

dārza šļūtene

puutarhaletku

lejkanna

kastelukannu

izkapts

viikate

arkls

aura

sirpis
sirppi

kaplis
kuokka

mēslu dakša
talikko

cirvis
kirves

ķerra
kottikärryt

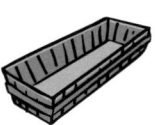

sile
kaukalo

piena kanna
maitokannu

maiss
säkki

žogs
aita

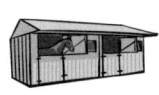

kūts
talli

siltumnīca
kasvihuone

augsne
maa

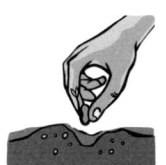

sēklas
siemen

mēslojums
lannoite

kombains
leikkuupuimuri

novākt ražu

kerätä sato

raža

sato

jamss

jamssit

kvieši

vehnä

soja

soija

kartupelis

peruna

kukurūza

maissi

rapsis

rypsi

augļu koks

hedelmäpuu

manioka

maniokki

labība

vilja

māja
talo

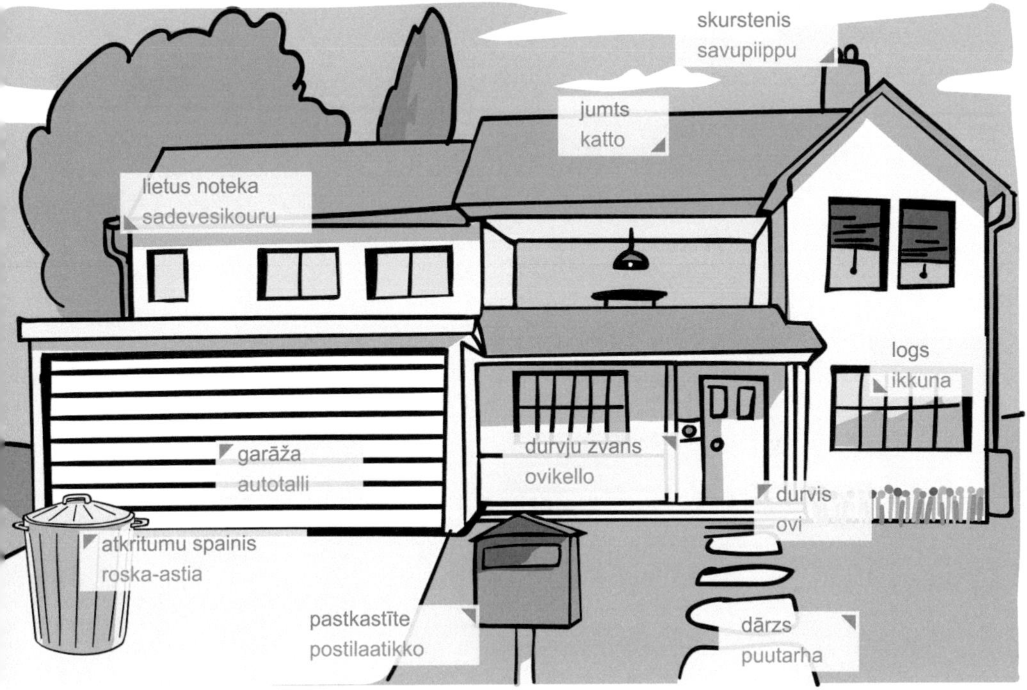
skurstenis
savupiippu
jumts
katto
lietus noteka
sadevesikouru
logs
ikkuna
garāža
autotalli
durvju zvans
ovikello
durvis
ovi
atkritumu spainis
roska-astia
pastkastīte
postilaatikko
dārzs
puutarha

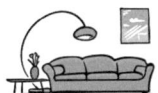

viesistaba

olohuone

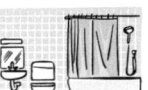

vannas istaba

kylpyhuone

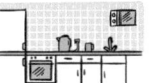

virtuve

keittiö

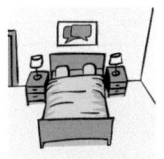

guļamistaba

makuuhuone

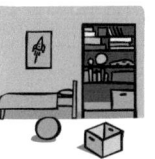

bērnu istaba

lastenhuone

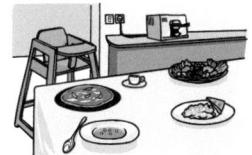

ēdamistaba

ruokahuone

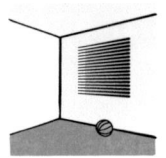

grīda
lattia

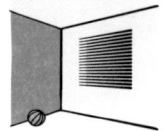

siena
seinä

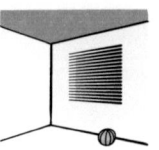

griesti
katto

pagrabs
kellari

sauna
sauna

balkons
parveke

terase
terassi

baseins
uima-allas

zāles pļāvējs
ruohonleikkuri

gultas veļa
lakana

sega
päiväpeitto

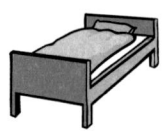

gulta
sänky

slota
harja

spainis
ämpäri

slēdzis
katkaisin

viesistaba
olohuone

tapetes
tapetti
attēls
kuva
lampa
lamppu
plaukts
hylly
skapis
kaappi
televizors
televisio
kamīns
takka
puķe
kukka
spilvens
tyyny
dīvāns
sohva
vāze
maljakko
tālvadības pults
kaukosäädin

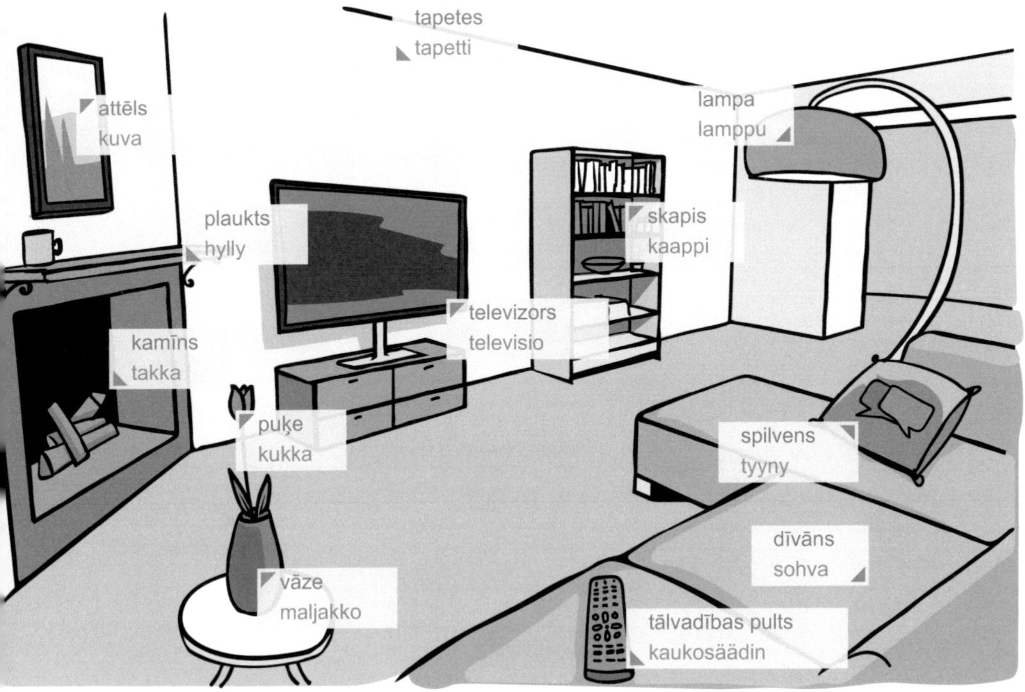

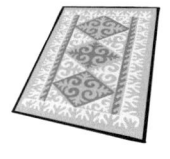

paklājs

matto

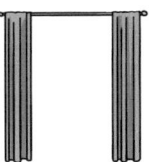

aizkars

verho

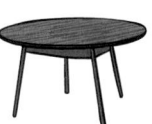

galds

pöytä

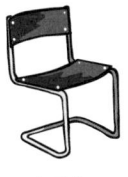

krēsls

tuoli

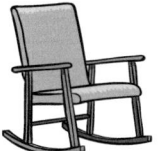

šūpuļkrēsls

keinutuoli

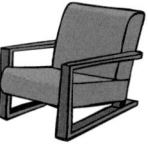

atpūtas krēsls

nojatuoli

grāmata

kirja

sega

peitto

dekorācija

koriste

malka

polttopuut

filma

elokuva

mūzikas centrs

stereot

atslēga

avain

avīze

sanomalehti

glezna

maalaus

plakāts

juliste

radio

radio

pierakstu blociņš

muistivihko

putekļu sūcējs

pölynimuri

kaktuss

kaktus

svece

kynttilä

virtuve
keittiö

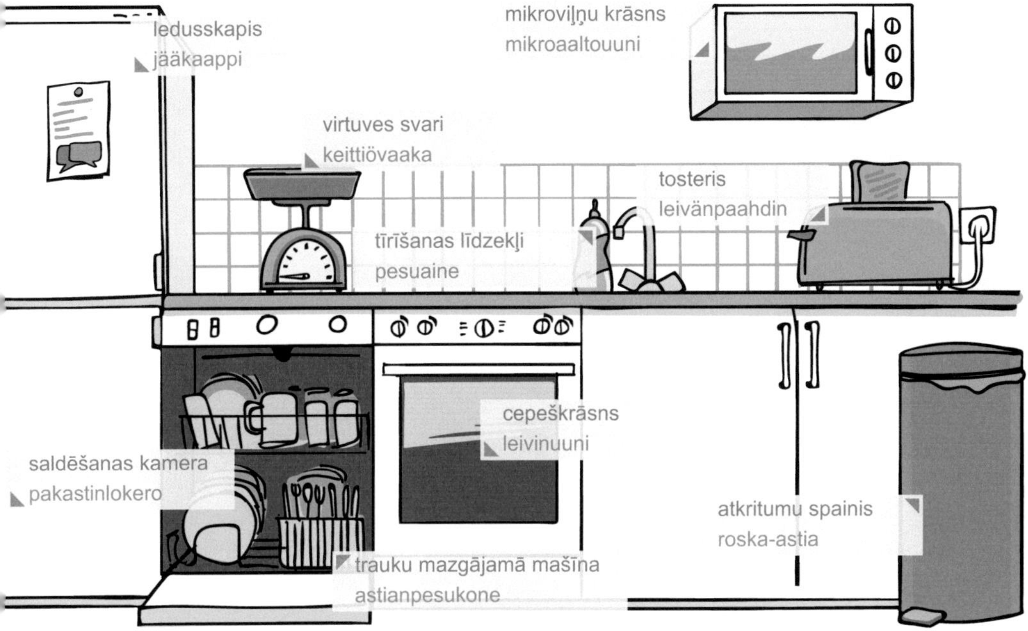
ledusskapis
jääkaappi
mikroviļņu krāsns
mikroaaltouuni
virtuves svari
keittiövaaka
tosteris
leivänpaahdin
tīrīšanas līdzekļi
pesuaine
cepeškrāsns
leivinuuni
saldēšanas kamera
pakastinlokero
atkritumu spainis
roska-astia
trauku mazgājamā mašīna
astianpesukone

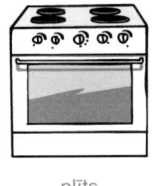

plīts
liesi

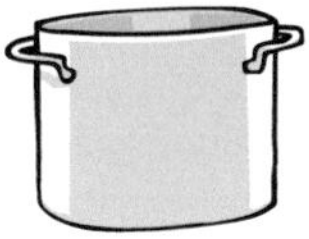
pods
kattila

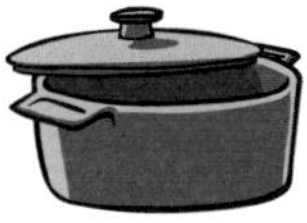
katls
rautapata

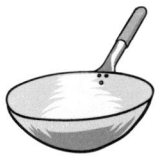

Wok panna
vokkipannu / kadai-pannu

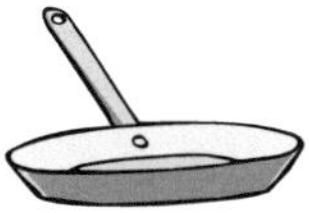
panna
paistinpannu

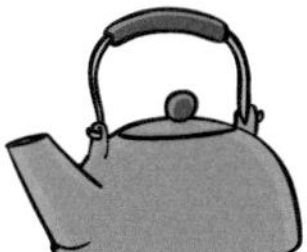
elektriskā tējkanna
teepannu

tvaika katls

höyrykeitin

cepešpanna

uunipelti

trauki

astiat

krūze

muki

bļoda

kulho

irbulīši

syömäpuikot

kauss

kauha

lāpstiņa

paistinlasta

putošanas slotiņa

vispilä

sietiņš

siivilä

siets

siivilä

rīve

raastin

piesta

mortteli

grilēt

grilli

atklāts pavards

avotuli

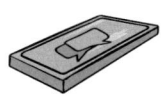

dēlis

leikkuulauta

mīklas rullis

kaulin

korķu viļķis

korkinavaaja

bundža

purkki

konservu nazis

purkinavaaja

virtuves cimdi

pannulappu

izlietne

lavuaari

birste

tiskiharja

sūklis

pesusieni

mikseris

tehosekoitin

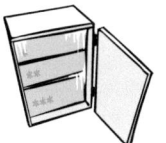

saldētava

pakastin

bērna pudelīte

tuttipullo

ūdenskrāns

vesihana

vannas istaba
kylpyhuone

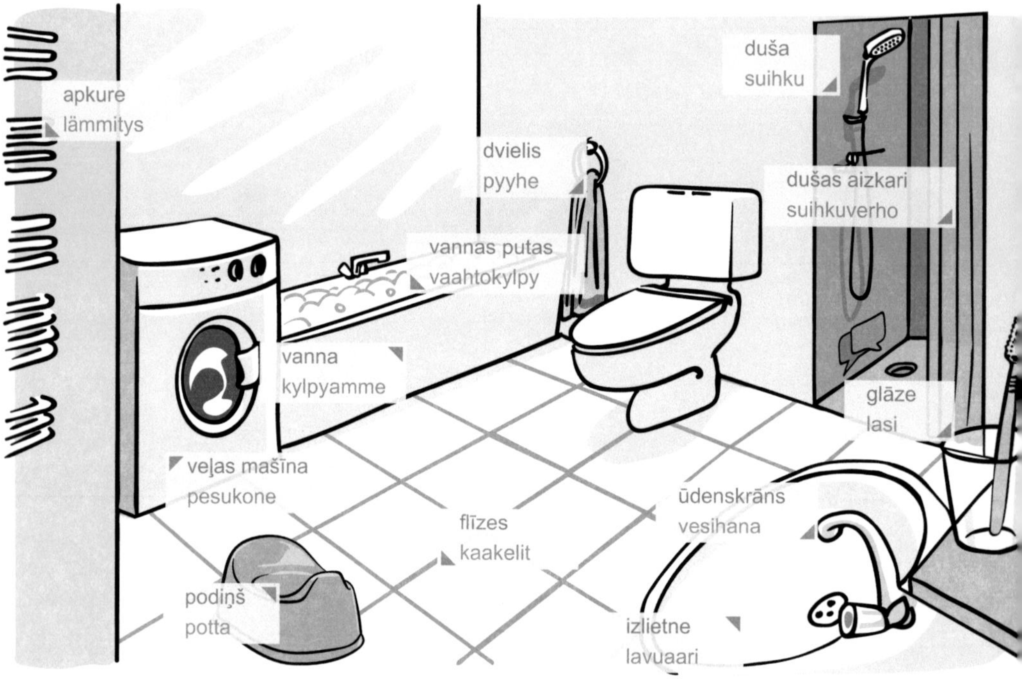
apkure
lämmitys
dvielis
pyyhe
duša
suihku
dušas aizkari
suihkuverho
vannas putas
vaahtokylpy
vanna
kylpyamme
glāze
lasi
veļas mašīna
pesukone
ūdenskrāns
vesihana
flīzes
kaakelit
podiņš
potta
izlietne
lavuaari

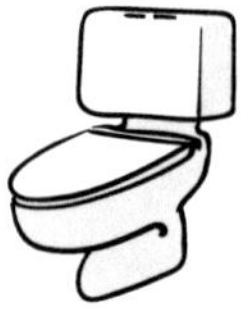

tualetes pods

vessa

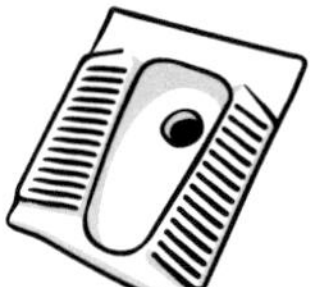

Āzijas tipa tualete

kyykkyvessa

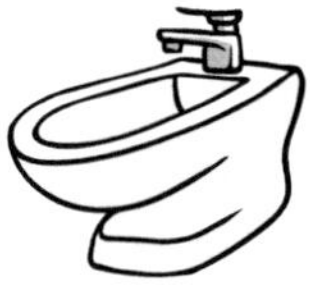

bidē

bidee

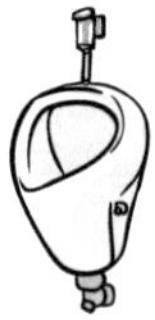

pisuārs

pisuaari

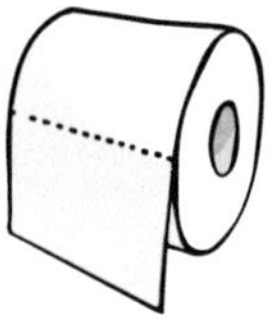

tualetes papīs

vessapaperi

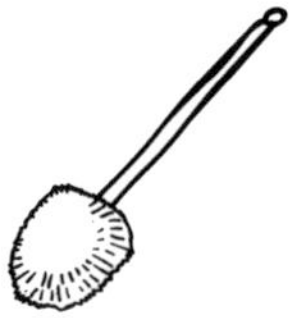

tualetes birste

vessaharja

zobu birste

hammasharja

zobu pasta

hammastahna

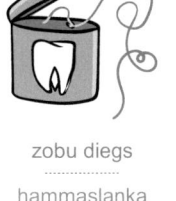

zobu diegs

hammaslanka

mazgāt

pestä

rokas duša

käsisuihku

duša

intiimisuihku

bļoda

pesuvati

muguras mazgāšanas birste

selkäharja

ziepes

saippua

dušas želeja

suihkugeeli

šampūns

shampoo

mazgāšanas drāna

pesulappu

noteka

viemäri

krēms

voide

dezodorants

deodorantti

spogulis

peili

spogulītis

käsipeili

skuveklis

partaveitsi

skūšanās putas

partavaahto

losjons pēc skūšanās

partavesi

ķemme

kampa

matu suka

harja

matu fēns

hiustenkuivaaja

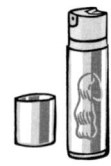

matu laka

hiuslakka

grima komplekts

meikki

lūpu krāsa

huulipuna

nagulaka

kynsilakka

vate

pumpuli

šķērītes

kynsisakset

smaržas

hajuvesi

kosmētikas maks

kosmetiikkalaukku

ķeblītis

jakkara

svari

vaaka

halāts

kylpytakki

tīrīšanas cimdi

kumihansikkaat

tampons

tamponi

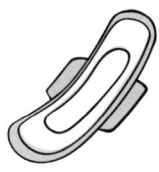

pakete

terveysside

ķīmiskā tualete

kemiallinen wc

bērnu istaba
lastenhuone

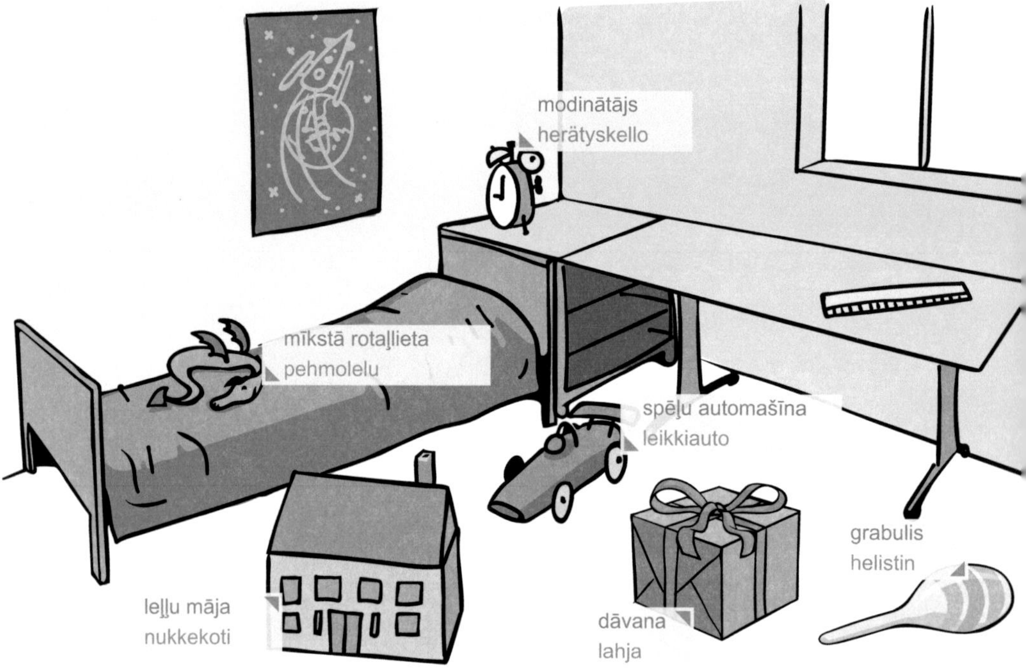
modinātājs
herätyskello
mīkstā rotaļlieta
pehmolelu
spēļu automašīna
leikkiauto
grabulis
helistin
leļļu māja
nukkekoti
dāvana
lahja

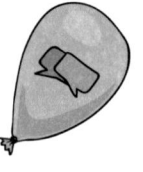

balons

ilmapallo

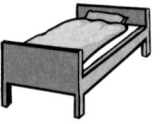

gulta

sänky

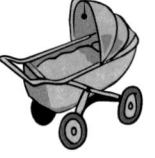

bērnu ratiņi

lastenvaunut

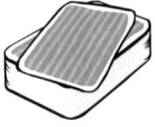

kārtis

korttipeli

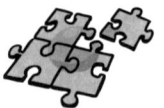

puzle

palapeli

komikss

sarjakuva

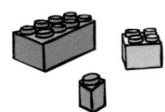

LEGO klucīši

legopalikat

klucīši

rakennuspalikat

varoņu figūra

supersankari

rāpulītis

potkupuku

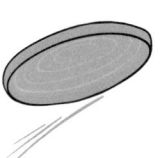

lidojošais šķīvītis

frisbee

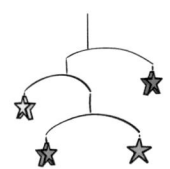

muzikālais karuselis

mobile

galda spēle

lautapeli

metamais kauliņš

noppa

rotaļu dzelzceļš

pienoisjunarata

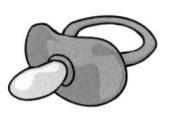

māneklis

tutti

ballīte

juhlat

bilžu grāmata

kuvakirja

bumba

pallo

lelle

nukke

spēlēt

leikkiä

smilšu kaste

hiekkalaatikko

šūpoles

keinu

rotaļlietas

lelut

spēļu konsole

pelikonsoli

trīsritenis

kolmipyörä

plīša lācītis

nalle

drēbju skapis

vaatekaappi

apģērbs

vaatteet

īszeķes

sukat

zeķes

nylonsukat

zeķbikses

sukkahousut

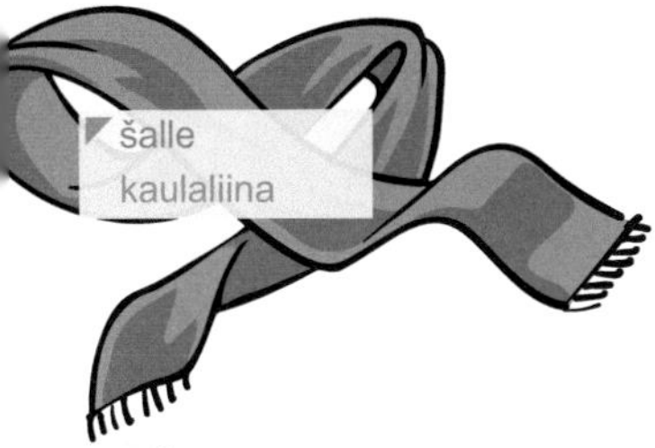

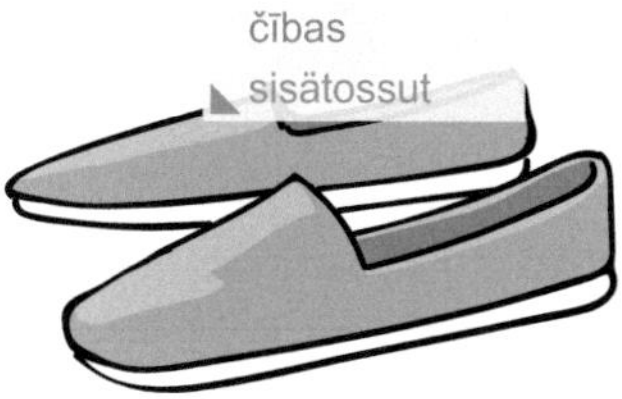

šalle
kaulaliina

lietussargs
sateenvarjo

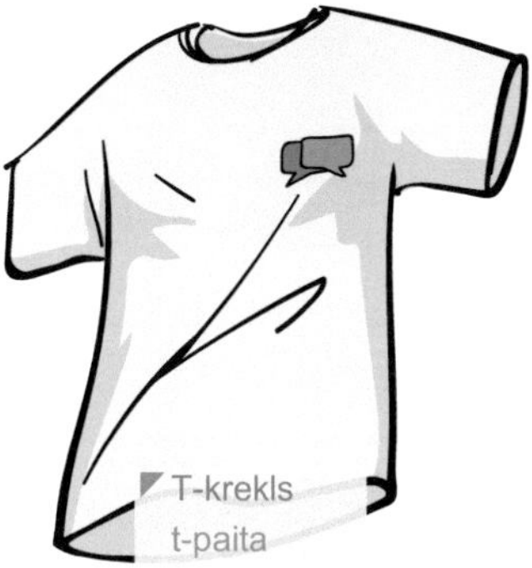

T-krekls
t-paita

siksna
vyö

čības
sisätossut

zābaks
saappaat

botas
lenkkarit

sandales
sandaalit

kurpes
kengät

gumijas zābaki
kumisaappaat

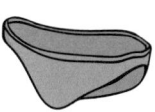

apakšbikses
alushousut

krūšturis
rintaliivit

apakškrekls
aluspaita

bodijs

body

bikses

housut

džinsi

farkut

svārki

hame

blūze

pusero

krekls

paita

pulovers

villapaita

džemperis

collegepaita

žakete

jakku

jaka

takki

mētelis

takki

lietus mētelis

sadetakki

kostīms

puku

kleita

mekko

kāzu kleita

hääpuku

uzvalks

puku

naktskrekls

yöpaita

pidžama

pyjama

sari

shari

lakats

päähuivi

turbāns

turbaani

burka

burka

kaftāns

kaftaani

abaja

abaya

peldkostīms

uimapuku

peldbikses

uimahousut

šorti

shortsit

treniņtērps

verkkarit

priekšauts

esiliina

cimdi

käsineet

poga

nappi

brilles

silmälasit

rokassprādze

rannekoru

kaklarota

kaulakoru

gredzens

sormus

auskars

korvakoru

cepure

lippalakki

drēbju pakaramais

ripustin

platmale

hattu

kaklasaite

solmio

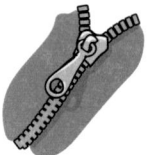

rāvējslēdzējs

vetoketju

ķivere

kypärä

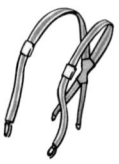

bikšturi

henkselit

skolas forma

koulupuku

uniforma

univormu

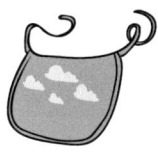

priekšautiņš

ruokalappu

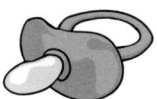

māneklis

tutti

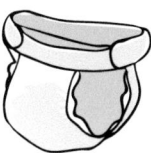

autiņbiksītes

vaippa

birojs
toimisto

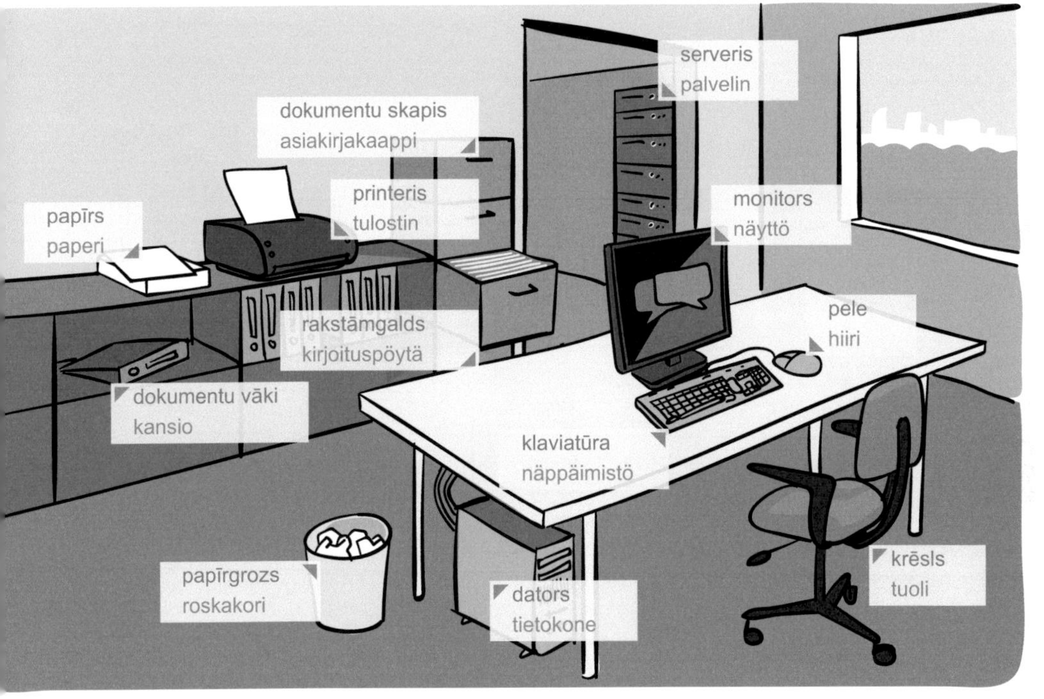

serveris
palvelin
dokumentu skapis
asiakirjakaappi
printeris
tulostin
papīrs
paperi
monitors
näyttö
pele
hiiri
rakstāmgalds
kirjoituspöytä
dokumentu vāki
kansio
klaviatūra
näppäimistö
papīrgrozs
roskakori
dators
tietokone
krēsls
tuoli

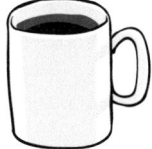

kafijas krūze

kahvimuki

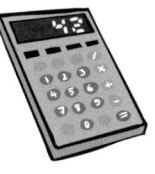

kalkulators

taskulaskin

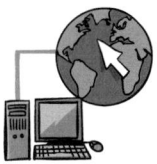

internets

internet

portatīvais dators

kannettava tietokone

vēstule

kirje

ziņa

viesti

mobilais tālrunis

kännykkä

tīkls

verkko

kopētājs

kopiokone

programmatūra

ohjelmisto

telefons

puhelin

rozete

pistorasia

faksa aparāts

faksi

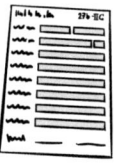

formulārs

lomake

dokuments

asiakirja

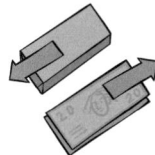

pirkt

ostaa

samaksāt

maksaa

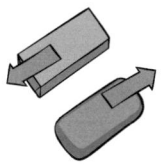

tirgot

vaihtaa

nauda

raha

USD

dolārs

dollari

EUR

eiro

euro

JPY

jēna

jeni

RUB

rublis

rupla

CHF

franks

frangi

CNY

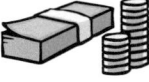

juaņa renminbi

renminbi juan

INR

rūpija

rupia

bankomāts

pankkiautomaatti

valūtas maiņas punkts

rahanvaihto

zelts

kulta

sudrabs

hopea

nafta

öljy

enerģija

energia

cena

hinta

līgums

sopimus

nodoklis

vero

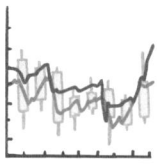

akcija

osake

strādāt

työskennellä

darbinieks

työntekijä

darba devējs

työnantaja

fabrika

tehdas

veikals

liike

profesijas
ammatit

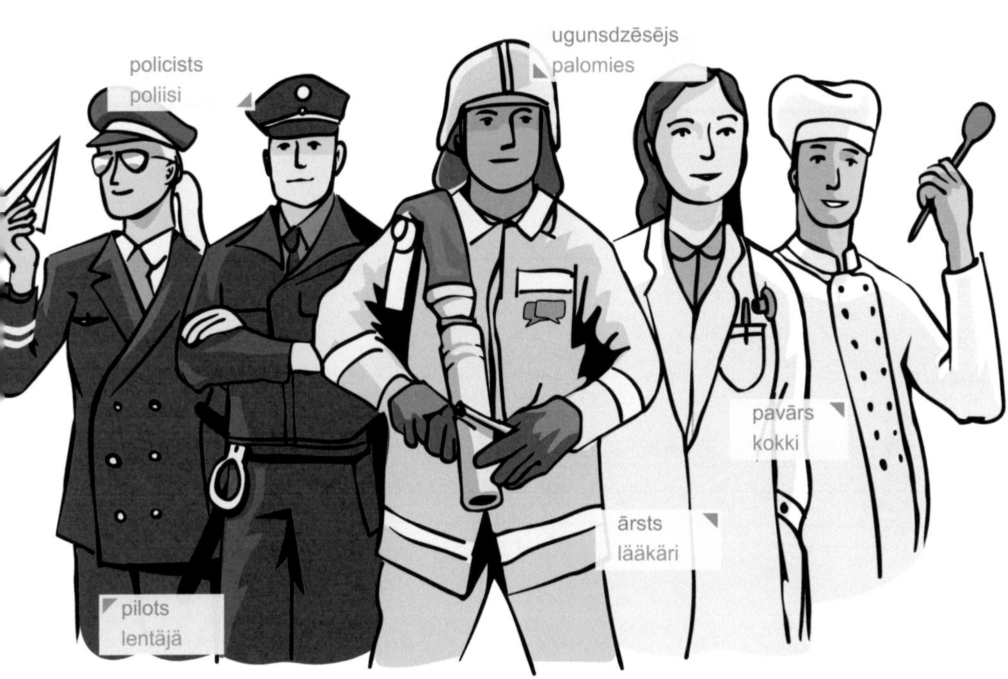
ugunsdzēsējs
palomies
policists
poliisi
pavārs
kokki
ārsts
lääkäri
pilots
lentäjä

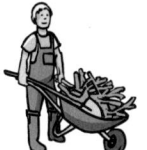

dārznieks

puutarhuri

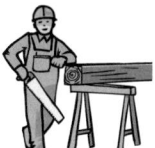

galdnieks

puuseppä

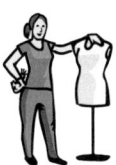

šuvēja

ompelija

tiesnesis

tuomari

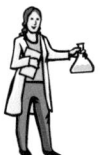

ķīmiķis

kemisti

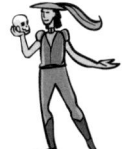

aktieris

näyttelijä

autobusa vadītājs

linja-autonkuljettaja

taksometra vadītājs

taksinkuljettaja

zvejnieks

kalastaja

apkopēja

siivooja

jumiķis

katontekijä

viesmīlis

tarjoilija

mednieks

metsästäjä

gleznotājs

maalari

maiznieks

leipuri

elektriķis

sähköasentaja

celtnieks

rakentaja

inženieris

insinööri

miesnieks

teurastaja

skārdnieks

putkiasentaja

pastnieks

postinjakaja

karavīrs
sotilas

arhitekts
arkkitehti

kasieris
kassanhoitaja

florists
floristi

frizieris
kampaaja

konduktors
konduktööri

mehāniķis
mekaanikko

kapteinis
kapteeni

zobārsts
hammaslääkäri

zinātnieks
tiedemies

rabīns
rabbi

imāms
imaami

mūks
munkki

mācītājs
pappi

instrumenti
työkalut

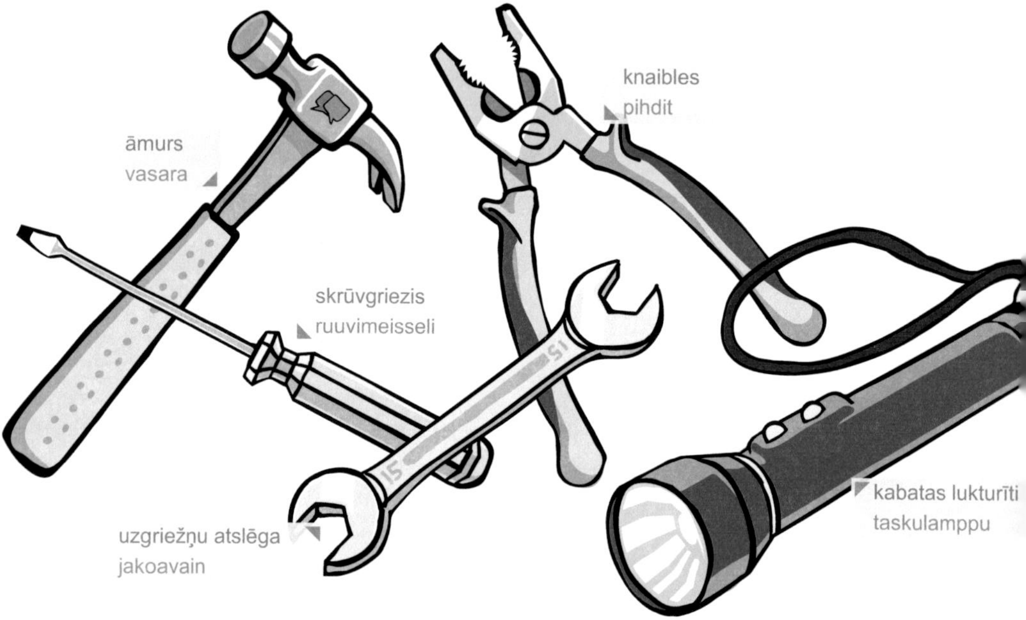
āmurs
vasara
knaibles
pihdit
skrūvgriezis
ruuvimeisseli
uzgriežņu atslēga
jakoavain
kabatas lukturīti
taskulamppu

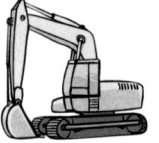

ekskavators
kaivinkone

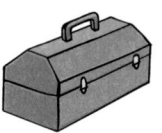

instrumentu kaste
työkalupakki

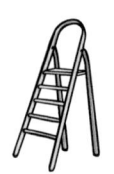

kāpnes
tikkaat

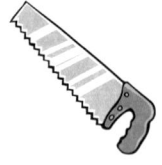

zāģis
saha

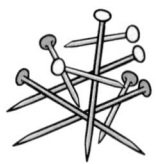

naglas
naulat

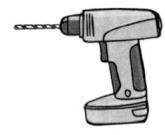

urbis
pora

remontēt
....
korjata

lāpsta
....
lapio

Velns!
....
Hitto!

liekšķere
....
rikkalapio

krāsas bundža
....
maalipurkki

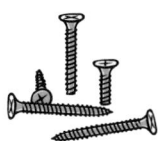

skrūves
....
ruuvit

mūzikas instrumenti
soittimet

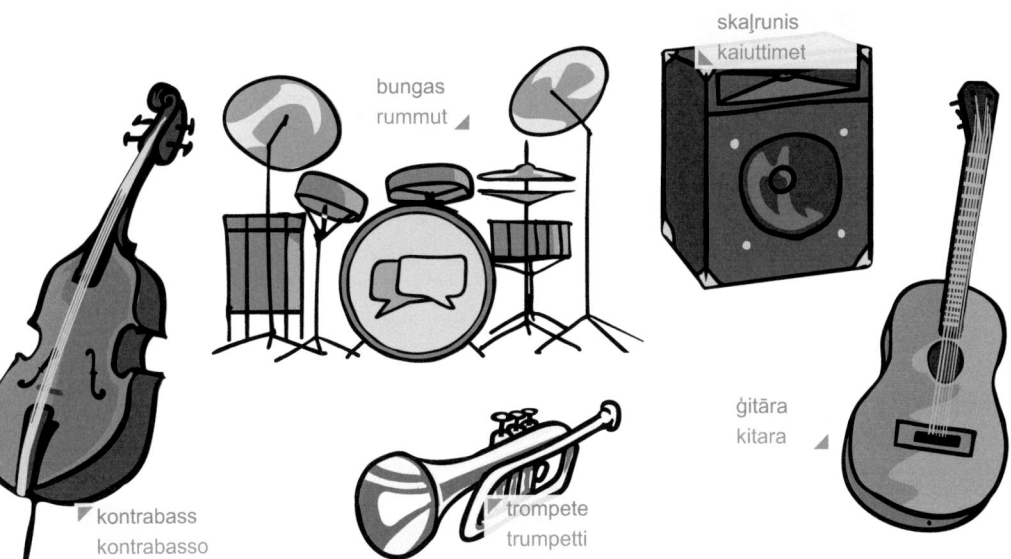

skaļrunis
kaiuttimet

bungas
rummut

kontrabass
kontrabasso

trompete
trumpetti

ģitāra
kitara

klavieres

piano

vijole

viulu

bass

basso

timpāni

patarummut

bungas

rumpu

digitālās klavieres

kosketinsoitin

saksofons

saksofoni

flauta

huilu

mikrofons

mikrofoni

zooloģiskais dārzs
eläintarha

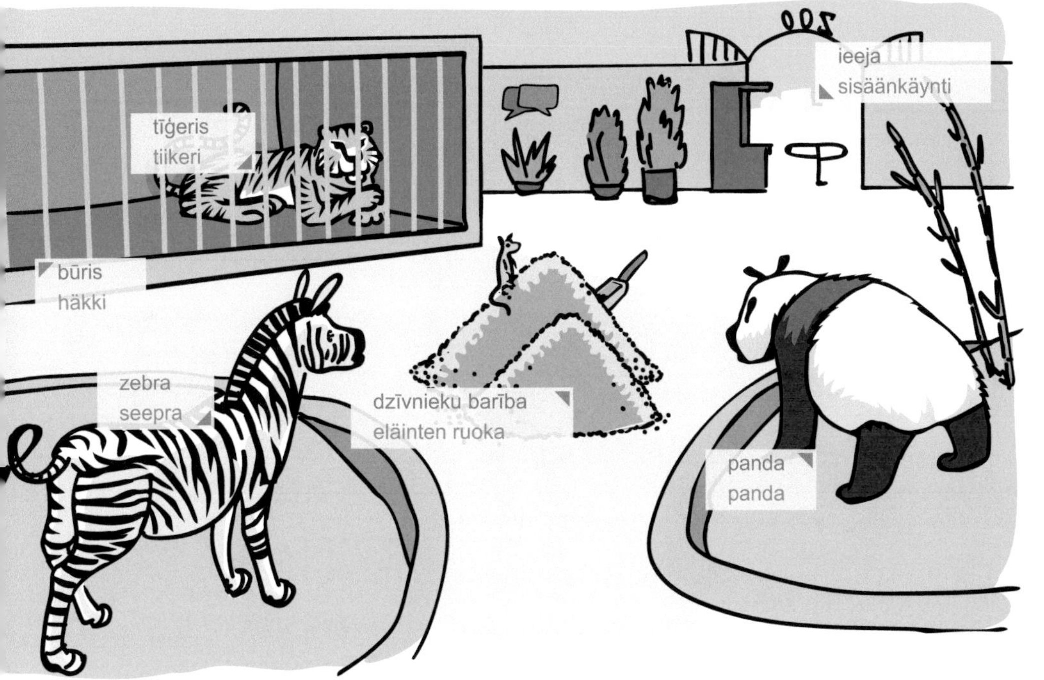

ieeja
sisäänkäynti
tīģeris
tiikeri
būris
häkki
zebra
seepra
dzīvnieku barība
eläinten ruoka
panda
panda

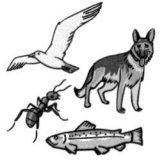

dzīvnieki

eläimet

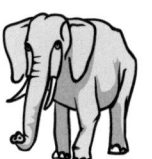

zilonis

norsu

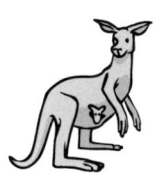

ķengurs

kenguru

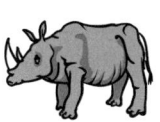

degunradzis

sarvikuono

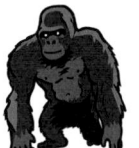

gorilla

gorilla

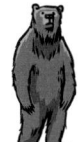

lācis

karhu

kamielis

kameli

strauss

strutsi

lauva

leijona

pērtiķis

apina

flamings

flamingo

papagailis

papukaija

polārlācis

jääkarhu

pingvīns

pingviini

haizivs

hai

pāvs

riikinkukko

čūska

käärme

krokodils

krokotiili

zoodārza sargs

eläintarhanhoitaja

ronis

hylje

jaguārs

jaguaari

ponijs

poni

leopards

leopardi

nīlzirgs

virtahepo

žirafe

kirahvi

ērglis

kotka

meža cūka

villisika

zivs

kala

bruņurupucis

kilpikonna

valzirgs

mursu

lapsa

kettu

gazele

gaselli

amerikāņu futbols
amerikkalainen jalkapallo

riteņbraukšana
pyöräily

teniss
tennis

basketbols
koripallo

peldēšana
uinti

hokejs
jääkiekko

bokss
nyrkkeily

futbols

jalkapallo

badmintons

sulkapallo

vieglatlētika

yleisurheilu

rokas bumba

käsipallo

slēpošana

hiihto

polo

poolo

smieties
nauraa

lēkt
hypätä

apskaut
halata

iet
kävellä

dziedāt
laulaa

sapņot
unelmoida

lūgt
rukoilla

skūpstīt
suudella

rakstīt
kirjoittaa

zīmēt
piirtää

rādīt
näyttää

spiest
painaa

dot
antaa

ņemt
ottaa

būt
omistaa

darīt
tehdä

būt
olla

stāvēt
seisoa

skriet
juosta

vilkt
vetää

mest
heittää

krist
kaatua

gulēt
maata

gaidīt
odottaa

nest
kantaa

sēdēt
istua

uzģērbt
pukeutua

gulēt
nukkua

pamosties
herätä

skatīties

katsoa

raudāt

itkeä

glāstīt

silittää

ķemmēt

kammata

runāt

puhua

saprast

ymmärtää

jautāt

kysyä

dzirdēt

kuunnella

dzert

juoda

ēst

syödä

sakārtot

siivota

mīlēt

rakastaa

vārīt

keittää

braukt

ajaa

lidot

lentää

burot

purjehtia

rēķināt

laskea

lasīt

lukea

mācīties

oppia

strādāt

työskennellä

precēties

mennä naimisiin

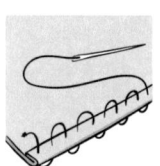

šūt

ommella

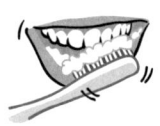

tīrīt zobus

pestä hampaat

nogalināt

tappaa

smēķēt

tupakoida

sūtīt

lähettää

vecāmāte
mummo

vectēvs
ukki

tēvs
isä

māte
äiti

mazulis
vauva

meita
tytär

dēls
poika

viesis
vieras

tante
täti

onkulis
setä

brālis
veli

māsa
sisko

ķermenis
vartalo

piere
otsa
acs
silmä
plecs
olkapää
pirksts
sormet
seja
kasvot
zods
leuka
roka
käsi
kāja
jalka
krūtis
rinta
roka
käsivarsi

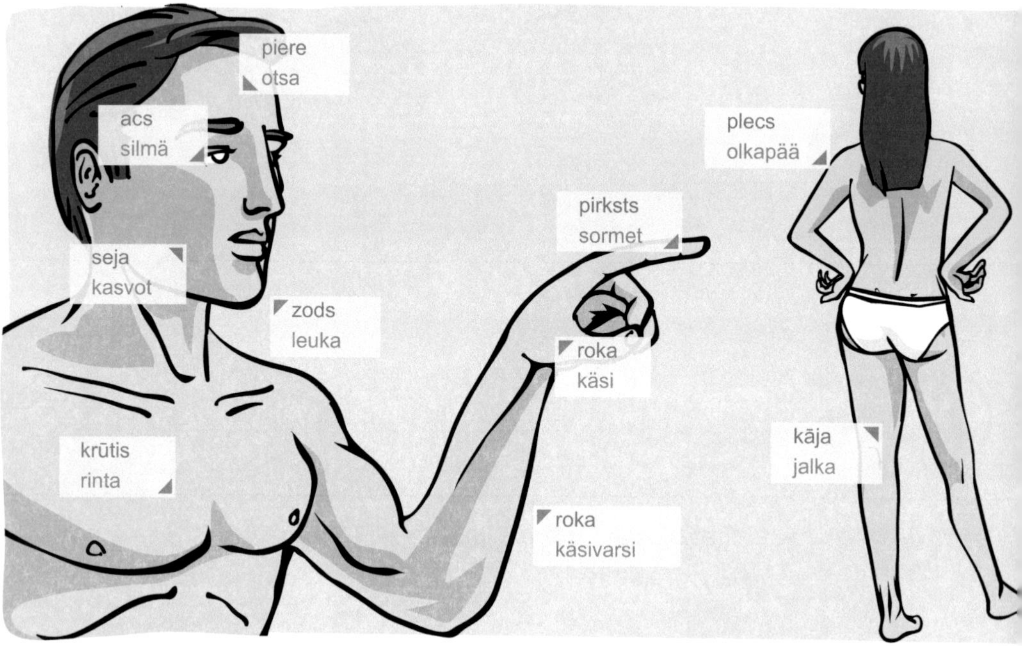

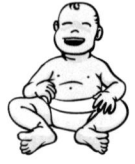

mazulis

vauva

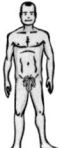

vīrietis

mies

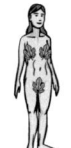

sieviete

nainen

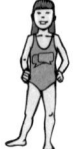

meitene

tyttö

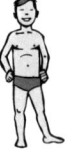

zēns

poika

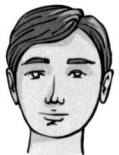

galva

pää

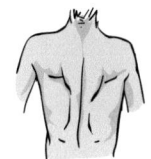

mugura

selkä

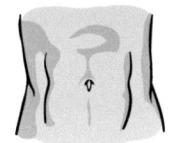

vēders

maha

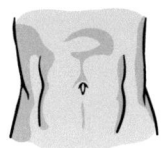

naba

napa

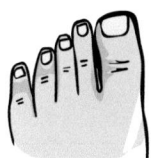

kājas pirksts

varvas

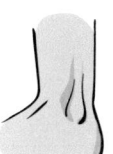

papēdis

kantapää

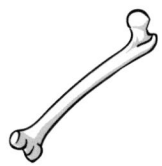

kauls

luu

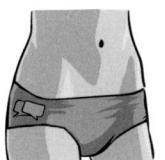

gurns

lantio

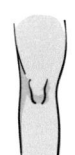

celis

polvi

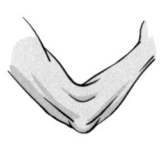

elkonis

kyynärpää

deguns

nenä

dibens

takapuoli

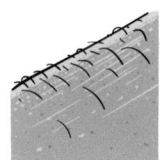

āda

iho

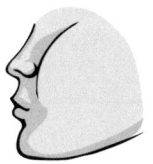

vaigs

poski

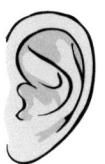

auss

korva

lūpa

huuli

mute

suu

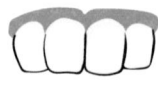

zobs

hammas

mēle

kieli

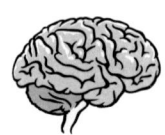

smadzenes

aivot

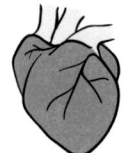

sirds

sydän

muskulis

lihas

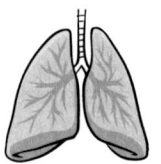

plaušas

keuhkot

aknas

maksa

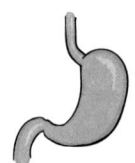

kuņģis

vatsa

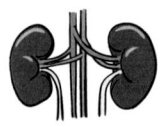

nieres

munuaiset

dzimumakts

seksi

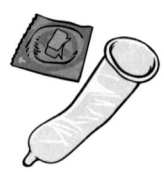

kondoms

kondomi

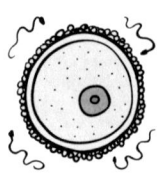

olšūna

munasolu

sperma

sperma

grūtniecība

raskaus

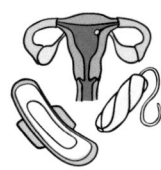

menstruācijas
....
kuukautiset

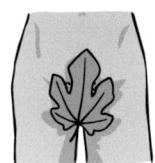

vagīna
....
vagina

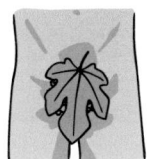

penis
....
penis

uzacs
....
kulmakarvat

mati
....
hiukset

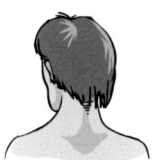

kakls
....
niska

slimnīca
sairaala

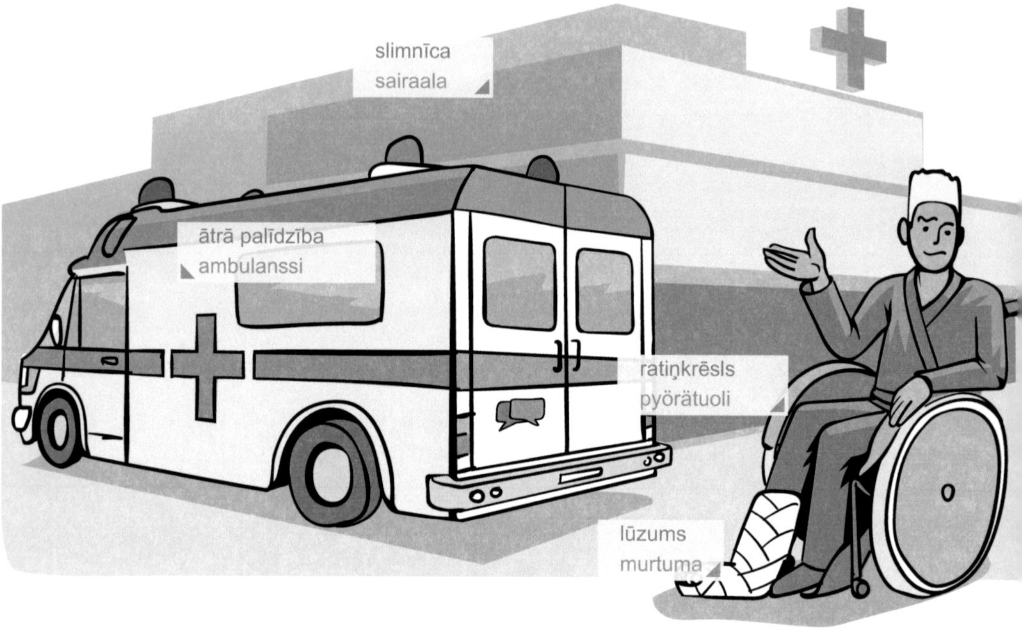

slimnīca
sairaala
ātrā palīdzība
ambulanssi
ratiņkrēsls
pyörätuoli
lūzums
murtuma

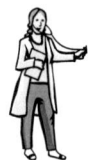

ārsts

lääkäri

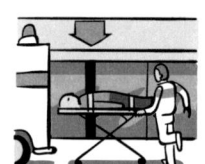

neatliekamās palīdzības nodaļa

ensiapu

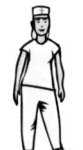

medmāsa

sairaanhoitaja

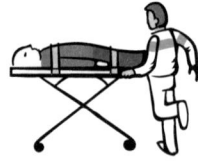

ārkārtas gadījums

hätätilanne

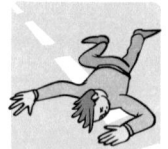

paģībis

tajuton

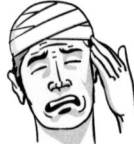

sāpes

kipu

ievainojums

vamma

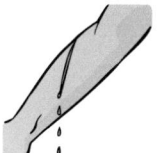

asiņošana

verenvuoto

sirdslēkme

sydänkohtaus

insults

aivoinfarkti

alerģija

allergia

klepus

yskä

temperatūra

kuume

gripa

flunssa

caureja

ripuli

galvassāpes

päänsärky

vēzis

syöpä

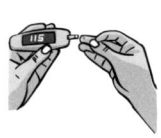

diabēts

diabetes

ķirurgs

kirurgi

skalpelis

veitsi

operācija

leikkaus

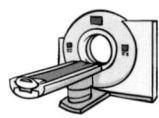

datortomogrāfija

ct

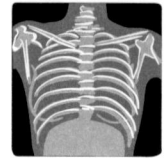

rentgents

röntgen

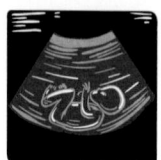

ultraskaņa

ultraääni

sejas maska

maski

slimība

sairaus

uzgaidāmā telpa

odotushuone

kruķis

sauva

plāksteris

laastari

apsējs

side

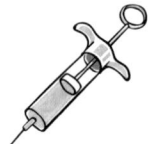

injekcija

pistos

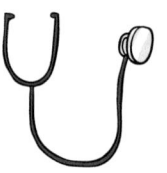

stetoskops

stetoskooppi

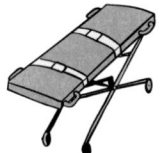

nestuves

paarit

termometrs

kuumemittari

dzemdības

syntymä

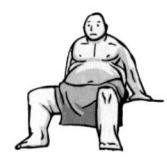

liekais svars

ylipaino

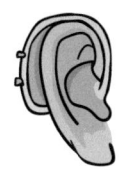

dzirdes aparāts

kuulolaite

dezinfekcijas līdzeklis

desinfiointiaine

infekcija

infektio

vīruss

virus

HIV / AIDS

HIV / AIDS

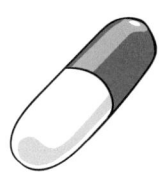

zāles

lääke

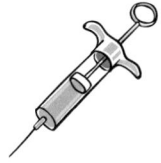

pote

rokotus

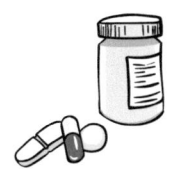

tabletes

tabletit

pretapauglošanās tablete

pilleri

ārkārtas izsaukums

hätäpuhelu

asinsspiediena mērītājs

verenpainemittari

slims / vesels

sairas / terve

Palīgā!
Apua!

trauksme
hälytys

uzbrukums
ryöstö

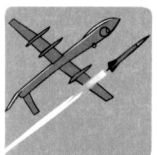

uzbrukums
hyökkäys

bīstamība
vaara

avārijas izeja
hätäuloskäynti

Uguns!
Tulipalo!

ugunsdzēšamais aparāts
palosammutin

negadījums
onnettomuus

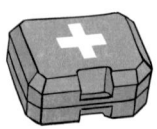

pirmās palīdzības aptieciņa

ensiapulaukku

SOS
SOS

policija
poliisilaitos

Eiropa

Eurooppa

Ziemeļamerika

Pohjois-Amerikka

Dienvidamerika

Etelä-Amerikka

Āfrika

Afrikka

Āzija

Aasia

Austrālija

Australia

Atlantijas okeāns

Atlantin valtameri

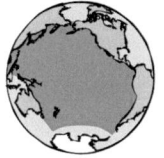

Klusais okeāns

Tyynimeri

Indijas okeāns

Intian valtameri

Dienvidu okeāns

Eteläinen jäämeri

Ziemeļu ledus okeāns

Pohjoinen jäämeri

Ziemeļpols

pohjoisnapa

Dienvidpols

etelänapa

Antarktika

Antarktis

zeme

maa

zeme

maa

jūra

meri

sala

saari

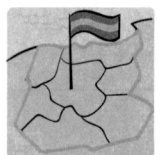

nācija

kansa

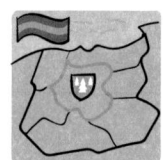

valsts

osavaltio

ciparnīca

kellotaulu

stundu rādītājs

tuntiviisari

minūšu rādītājs

minuuttiviisari

sekunžu rādītājs

sekuntiviisari

Cik ir pulkstenis?

Paljonko kello on?

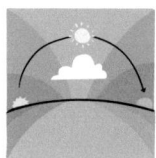

diena

päivä

laiks

aika

tagad

nyt

digitālais pulkstenis

digitaalikello

minūte

minuutti

stunda

tunti

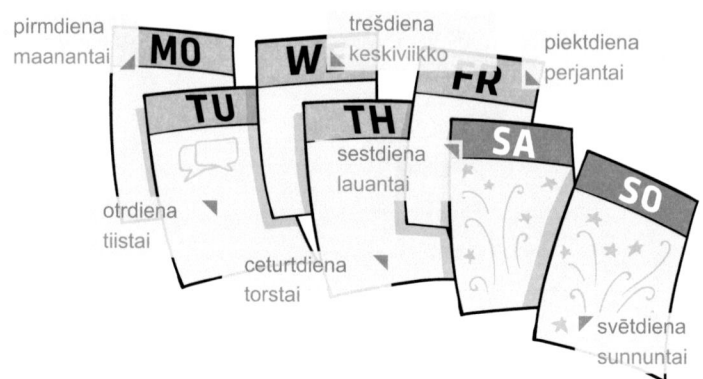

pirmdiena
maanantai — MO

trešdiena
keskiviikko — W

piektdiena
perjantai — FR

TU

TH

SA

otrdiena
tiistai

sestdiena
lauantai

SO

ceturtdiena
torstai

svētdiena
sunnuntai

vakardien

eilen

šodien

tänään

rītdien

huomenna

rīts

aamu

pusdienlaiks

keskipäivä

vakars

ilta

MO	TU	WE	TH	FR	SA	SU
1	2	3	4	5	6	7
8	9	10	11	12	13	14
15	16	17	18	19	20	21
22	23	24	25	26	27	28
29	30	31	1	2	3	4

darbadienas

työpäivät

MO	TU	WE	TH	FR	SA	SU
1	2	3	4	5	6	7
8	9	10	11	12	13	14
15	16	17	18	19	20	21
22	23	24	25	26	27	28
29	30	31	1	2	3	4

brīvdienas

viikonloppu

varavīksne
sateenkaari

lietus
sade

vējš
tuuli

sniegs
lumi

pavasaris
kevät

rudens
syksy

vasara
kesä

ziema
talvi

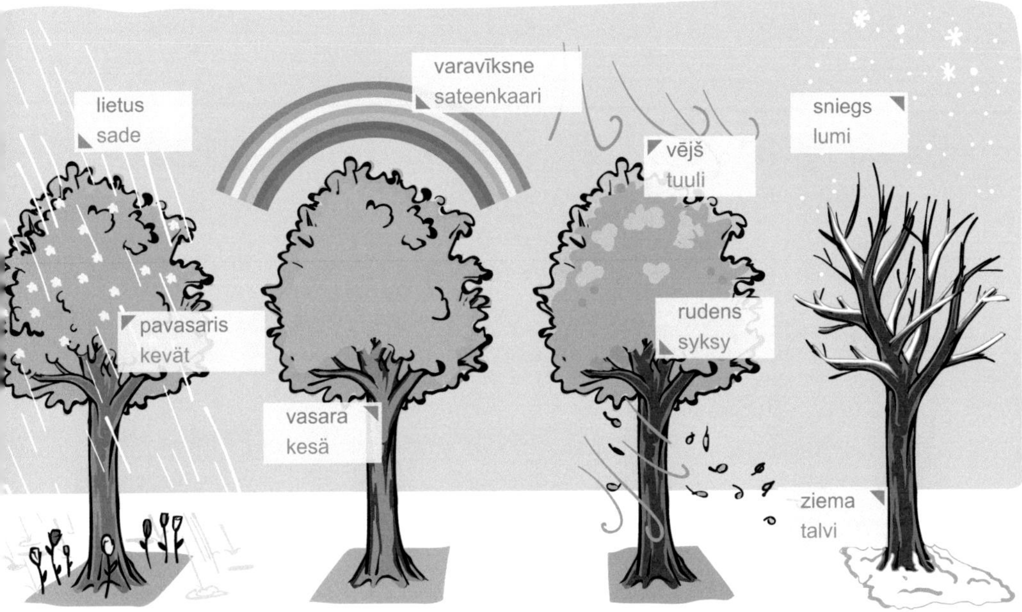

laika prognoze

sääennuste

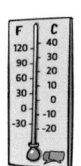

termometrs

lämpömittari

saules gaisma

auringonpaiste

mākonis

pilvi

migla

sumu

gaisa mitrums

ilmankosteus

zibens

salama

pērkons

ukkonen

vētra

myrsky

krusa

rae

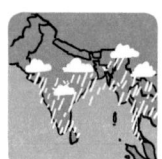

musons

monsuuni

plūdi

tulva

ledus

jää

janvāris

tammikuu

februāris

helmikuu

marts

maaliskuu

aprīlis

huhtikuu

maijs

toukokuu

jūnijs

kesäkuu

jūlijs

heinäkuu

augusts

elokuu

gads - vuosi

septembris
....
syyskuu

oktobris
....
lokakuu

novembris
....
marraskuu

decembris
....
joulukuu

aplis
....
ympyrä

kvadrāts
....
neliö

četrstūris
....
suorakulmio

trīsstūris
....
kolmio

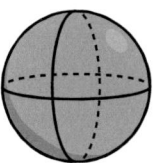

lode
....
pallo

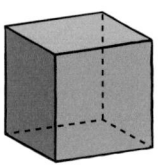

kubs
....
kuutio

balts

valkoinen

dzeltens

keltainen

oranžs

oranssi

sārts

vaaleanpunainen

sarkans

punainen

lillā

violetti

zils

sininen

zaļš

vihreä

brūns

ruskea

pelēks

harmaa

melns

musta

daudz / maz

paljon / vähän

saniknots / miermīlīgs

vihainen / ystävällinen

skaists / neglīts

kaunis / ruma

sākums / beigas

alku / loppu

liels / mazs

suuri / pieni

gaišs / tumšs

vaalea / tumma

brālis / māsa

veli / sisko

tīrs / netīrs

puhdas / likainen

pilnīgs / nepilnīgs

täydellinen / epätäydellinen

diena / nakts

päivä / yö

miris / dzīvs

kuollut / elävä

plats / šaurs

leveä / kapea

baudāms / nebaudāms

syötävä / syömäkelvoton

nikns / laipns

paha / kiltti

satraukts / garlaikots

innostunut / tylsistynyt

resns / tievs

lihava / laiha

pirmais /pēdējais

ensimmäinen / viimeinen

draugs / ienaidnieks

ystävä / vihollinen

pilns / tukšs

täysi / tyhjä

ciets / mīksts

kova / pehmeä

smags / viegls

painava / kevyt

izsalkums / slāpes

nälkä / jano

slims / vesels

sairas / terve

nelegāls / legāls

laiton / laillinen

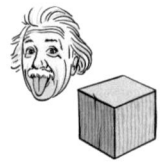

inteliģents / dumjš

älykäs / tyhmä

kreisais / labais

vasen / oikea

tuvu / tālu

lähellä / kaukana

jauns / lietots

uusi / käytetty

nekas / kaut kas

ei mitään / jotain

vecs / jauns

vanha / nuori

ieslēgts / izslēgts

päällä / pois päältä

atvērts / slēgts

auki / kiinni

kluss / skaļš

hiljainen / äänekäs

bagāts / nabags

rikas / köyhä

pareizi / nepareizi

oikein / väärin

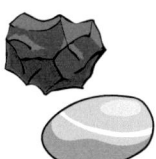

raupjš / gluds

karhea / sileä

noskumis / laimīgs

surullinen / iloinen

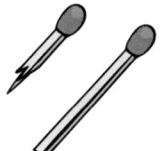

īss / garš

lyhyt / pitkä

lēns / ātrs

hidas / nopea

slapjš / sauss

märkä / kuiva

silts / vēss

lämmin / viileä

karš / miers

sota / rauha

0	**1**	**2**
nulle	viens	divi
nolla	yksi	kaksi

3	**4**	**5**
trīs	četri	pieci
kolme	neljä	viisi

6	**7**	**8**
seši	septiņi	astoņi
kuusi	seitsemän	kahdeksan

9	**10**	**11**
deviņi	desmit	vienpadsmit
yhdeksän	kymmenen	yksitoista

12

divpadsmit

kaksitoista

13

trīspadsmit

kolmetoista

14

četrpadsmit

neljätoista

15

piecpadsmit

viisitoista

16

sešpadsmit

kuusitoista

17

septiņpadsmit

seitsemäntoista

18

astoņpadsmit

kahdeksantoista

19

deviņpadsmit

yhdeksäntoista

20

divdesmit

kaksikymmentä

100

simts

sata

1.000

tūkstotis

tuhat

1.000.000

miljons

miljoona

anglu

englanti

amerikāņu angļu

amerikanenglanti

ķīniešu mandarīnu valoda

mandariinikiina

hindi

hindi

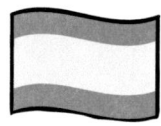

spāņu

espanja

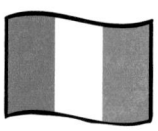

franču

ranska

arābu

arabia

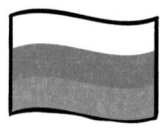

krievu

venäjä

portugāļu

portugali

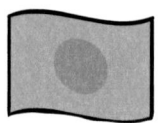

bengāļu

bengali

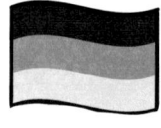

vācu

saksa

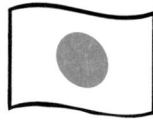

japāņu

japani

es

minä

tu

sinä

viņš / viņa

hän

mēs

me

jūs

te

viņi / viņas

he

kas?

kuka?

ko?

mitä / mikä?

kā?

miten?

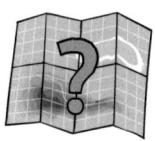

kur?

missä?

kad?

milloin?

vārds

nimi

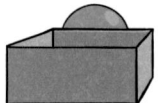

aiz
....
takana

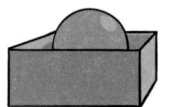

iekšā
....
sisällä

priekšā
....
edessä

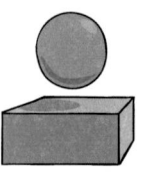

virs
....
yläpuolella

uz
....
päällä

zem
....
alapuolella

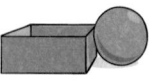

blakus
....
vieressä

starp
....
välissä

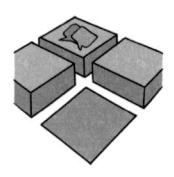

vieta
....
paikka